Kurt Rüdinger

Morphosyntax und Nomosyntax: Wirklich zwei Seiten einer Medaille?

GRIN Verlag

Bibliografische Information der Deutschen Nationalbibliothek:

Die Deutsche Bibliothek verzeichnet diese Publikation in der Deutschen National-
bibliografie; detaillierte bibliografische Daten sind im Internet über http://dnb.d-
nb.de/ abrufbar.

Impressum:

Copyright © 2013 GRIN Verlag GmbH
Druck und Bindung: Books on Demand GmbH, Norderstedt Germany
ISBN: 978-3-656-49762-2

Dieses Buch bei GRIN:

http://www.grin.com/de/e-book/233061/morphosyntax-und-nomosyntax-wirklich-
zwei-seiten-einer-medaille

Titel des Vortrags:
„Morphosyntax und Nomosyntax: Wirklich zwei Seiten einer Medaille?"

Dr. Kurt Rüdinger
(Universität von Sevilla)

Zusammenfassung (10-15 Zeilen):

Wenn generischen Definitionen zu Folge Morphosyntax die Wiedergabe syntaktischer Funktionen durch morphologische Mittel als Disziplin beschreibt, bzw. als Phänomen einfach ist, so stellt sich nicht erst seit heute die Frage, was eigentlich angesichts eines beständig zu beobachtenden Formenschwunds aus den entsprechenden syntaktischen Funktionen wird. Verschwinden sie gleich mit oder sind sie, wenn auch nur noch implizit, weiterhin vorhanden, wie z.B rein semantisch inspirierte Kasustheorien (Fillmore u.a.) suggerieren möchten? Welche alternativen Vermittlungsmöglichkeiten zwischen einer rein referentiell-semantischen Ebene und ihrer morphologischen (Nicht) -Repräsentation bieten sich gegebenenfalls an? Dieser Frage soll in dem Vortrag an Hand von Beispielen aus dem Deutschen, Spanischen und Englischen auf den Grund gegangen werden und ein Ausweg aus einem offenkundig beständig evolutionierenden Beschreibungsdilemma aufgezeigt werden.

I. Vorbemerkungen

Im Grunde versteht sich dieser Artikel als weiterer Beitrag zur Klärung der Frage, was im Sprachbereich unter Funktionalität zu verstehen ist, bzw. konkreter, wieviel „Funktionalismus" eigentlich den morphologischen Bausteinen historischer Sprachen, insbesondere des Deutschen, innewohnt. Wir halten vorläufig die etwas provokante These aufrecht, dass die Funktionalitätsbehauptung bezüglich gewisser Sprachfakten ihren Reiz hauptsächlich aus der damit einhergehenden Konnotation von Essentialität bezieht. Ob dies im Einzelfall immer gerechtfertigt ist, soll sich im Verlauf dieses Beitrags erweisen.

I.1   Anknüpfung an frühere Überlegungen zum Thema

Zur Erinnerung bzw. zum Einstieg in das Thema noch einmal in Kurzfassung die aus der dinglichen Welt hergeleitete Grobunterscheidung von Funktionalitätstypen oder – niveaus, die uns gewissermaßen als Klassifizierungsschema für die entsprechende Evaluierung von Sprachfakten dienen soll:

Funktionalitätstabelle I:

Funktionalitätstypen	Dingliche Welt
Polyfunktionalität	Schweizer Messer
Sine-qua-non-Teilfunktion eines komplexen Systems	Zündkerze - Motor
Unterstützungsfunktion eines ohnehin	Spoiler – Traktion

funktionierenden Systems	
Identifikationsfunktion	Mercedesstern

Wie man unschwer erkennen kann, relativiert sich in dem Schema von oben nach unten, die den verschiedenen Gegenständen zuzusprechende Funktionalität doch beträchtlich, also auch die Rolle die sie in einem unterstellten Gesamtsystem spielen können, respektive müssen. Die Frage, die wir uns stellen ist nun, auf welchem Niveau morphologische Markierungen in der Sprache vor diesem Unterscheidungshintergrund zu situieren sind:

Funktionalitätstabelle II:

Funktionalitätstypen	Dingliche Welt	Sprache
Polyfunktionalität	Schweizer Messer	
Sine-qua-non-Teilfunktion eines komplexen Systems	Zündkerze – Motor	Morphologische Markierungen im Satz?
Unterstützungsfunktion eines ohnehin funktionierenden Systems	Spoiler – Traktion	
Identifikationsfunktion	Mercedesstern	

I.2 Aufgabenstellung: Resituierung morphologischer Details in Bezug auf ihren Kommunikationsbeitrag

Versuchen wir nun die Fragestellung auf beobachtbare Sprachphänomene hin zu präzisieren: Wiewohl morphologische Markierungen offensichtlich zur Grundausstattung historischer Sprachen in idiomatisch unterschiedlicher quantitativer wie qualitativer Ausprägung gehören, ist damit doch noch relativ wenig über ihren Funktionalitätsstatus im oben angedeuteten Sinne ausgesagt. Anders und etwas philosophischer ausgedrückt: Ist ein sprachlich ausgedrücktes Sinnganzes nur als Summe seiner, auch morphologischen Komponenten verstehbar oder sind letztere wenigstens teilweise nur unterstützende bzw. dekorative Details eines ohnehin bestehenden Sinnkonstrukts. Auf das obige Schema bezogen, wäre das die Frage, bis wohin, jetzt von unten nach oben gerechnet, morphologische Markierungen die angegebenen Funktionalitätskriterien erfüllen können bzw. müssen.

II.   Begriffsklärung: Morphosyntax vs. Nomosyntax

Im Zuge unserer Recherchen sind wir auf einen kaum bekannten, aber nichtsdestoweniger interessanten Begriff gestoßen, der möglicherweise einen strukturierten Weg aus der ansonsten nur mehr oder weniger von Glaubensüberzeugungen getragenen Debatte über den Status der Morphologie innerhalb des Kommunikationssystems Sprache eröffnet. Die Rede ist von dem Konzept der Nomosyntax. Wenn wir sagen: kaum bekannt, ist das fast noch vorsichtig formuliert. Der einzige ontologische Nachweis des Begriffs besteht in der knappen Dudenerklärung

„Syntax des Inhalts eines Satzes", der Große Wahrig registriert ihn nicht, im Spanischen ist er etwa gänzlich unbekannt, bei einfacher Internetrecherche spielt er offensichtlich keine Rolle in irgendeiner medienbekannten Veröffentlichung. Was könnte es damit also auf sich haben? Naheliegend wäre beispielsweise die Inbezugsetzung zu dem ungleich populäreren Konzept der Morphosyntax im Saussureschen Sinne der zwei Seiten des sprachlichen Zeichens, d.h. die Morphosyntax als Signifiant und die Nomosyntax als Signifié auf der entsprechenden Komplexitätsstufe. Sollte es dabei bleiben, wäre indes der sparsame Gebrauch des Begriffs etwas erstaunlich, schließlich will ja jeder Signifiant irgendetwas zum Ausdruck bringen.

Wir hätten hingegen einen anderen Vorschlag zur Erhellung und zum vorteilhaften Gebrauch dieses Phantomkonzepts zu machen: Wie nun, wenn die Generierung von Bedeutung in der Satzkomposition sich zur morphosyntaktischen Feinstruktur apriorisch verhielte? Unter diesem Blickwinkel stellten sich morphologische Details in einem ganz anderen Licht dar als unter der disziplinären Selbstwahrnehmung der Morphosyntax. Während letzterer quasi naturwüchsig ein atomar-additiver Sprachbau und damit ein unverrückbarer Glaube an die Morphologie im Sinne einer unverzichtbaren Teil-für-das-Ganze-Funktion unterliegt, würde der nomosyntaktische Ansatz von einem unterstellten Sinnganzen ausgehend die Einzelkomponenten der Rede und ihren Beitrag dazu würdigen, was womöglich zu einer ganz anderen Evaluierung derselben führen könnte. In diesem Sinne wäre Nomosyntax gleich Synonym einer anderen, relativ rekursoffenen Sprachauffassung und nicht nur simples Pendant zur Morphosyntax auf der Zeichenebene.

Die Morphosyntax wäre dann ein der Nomosyntax untergeordnetes Instrumentarium mit unterschiedlicher, noch zu bestimmender Wertigkeit ihrer Einzelphänomene. Im folgenden kurzen Faktencheck wollen wir dieser Hypothese folgen und ihre Tragfähigkeit nachweisen. Da an der ontologischen Existenz der zu begutachtenden Sprachphänomene einsichtigerweise weniger Zweifel bestehen als an ihrer Unverzichtbarkeit, ist es naheliegend, die angedeutete Funktionalitätshierarchie in umgekehrter Reihenfolge abzuarbeiten.

III.   Faktencheck

III.1   Niveau 4: Identifikation/Wiedererkennungswert

Im Grunde ist die Frage nach der Identifikationsfunktion morphologischer Markierungen relativ schnell und einfach zu beantworten. Die von einem angenommenen idealen Sprecher einer bestimmten Sprache angewandten morphologischen Mittel – auch wenn das etwas tautologisch klingt – der tätige Nachweis der Sobeschaffenheit der idealen Sprache. Daran lassen sich auch über weite Strecken stammverwandte Sprachen selbst in der stummen Variante – d.h. in der Schriftsprache – eindeutig voneinander abgrenzen. Man vergleiche etwa die unterschiedlichen Konjugationsparadigmen von Italienisch *parlare*, Französisch *parler* und Katalanisch *parlar*.

Darüberhinaus lassen sich natürlich auch innerhalb einer Sprache unterschiedliche Niveaus der Beherrschung in Bezug auf die idealisierte Hochsprache evaluieren, was auf Muttersprachler bezogen diatopische Merkmale ebenso betreffen kann (z.b. im Deutschen *ich bin gesessen* statt *ich habe gesessen*) wie diastratische (z.b. Gebrauch oder Nichtgebrauch des Konjunktiv in der indirekten Rede) oder diaphasische (z.b. finite Verbform an Position II im kausalen oder adversativen Nebensatz in affektiveren Sprachsituationen).

Auf nichtmuttersprachliche Deutschsprecher bezogen ist neben der Evaluierung des idiomatischen Sprachstands im Rahmen von Fehlertypologien womöglich sogar ein direkter Schluss auf die Herkunftssprache des Betreffenden möglich. Wir drücken uns vorsichtig aus, weil es in der Natur von Fehlern liegt, dass sie nicht zwangsläufig einer bestimmten Logik folgen müssen, ein Umstand der die Debatte über Wert und Unwert der linguistischen Fehleranalyse anhaltend beflügelt, hier aber nicht weiter vertieft werden soll. Wir beschränken uns deshalb nur auf ein Beispiel eines offensichtlichen morphostrukturellen Anglizismus, das wir witzigerweise einem prominenten Deutschen, nämlich dem Ex-Tennischampion Boris Becker verdanken:

Dieser gab einmal in einem Interview auf die Frage, wie er mit seinem neuen – amerikanischen – Trainer zufrieden sei, in erkennbar guter Absicht zum Besten: *„Er arbeitet mich hart"*, was man in Anbetracht der Sachlage zwar mühelos als Kompliment erkennen kann, was aber dadurch normsprachlich gesehen nicht richtiger wird. (Offensichtlich hat ihm da die heiße Sonne Floridas den muttersprachlichen Grammatikmonitor abgefackelt!) Zur Klarstellung: Das Verb *to work* im Englischen ist zwar transitiv, nicht aber seine deutsche Übersetzung *arbeiten.*

Wie dem auch sei, das Verständnis in dem angesprochenen Satz leidet nicht groß unter dem kleinen Lapsus Linguae, die Frage ist allerdings an dieser Stelle, ob Flämig (1991: 472) nicht recht hat:

> **Die Funktionen der Kasus sind syntaktischer Art** [....]. Ob damit allgemeine abstrakte Inhaltsfunktionen („verallgemeinerte Bedeutungsgehalte") verbunden sein können, wird unterschiedlich beurteilt. Zahlreiche Forscher verhalten sich gegenüber einer semantischen Interpretation der Kasus skeptisch. **Die Kasus im heutigen Deutsch gelten als asemantisch**, man rechnet ihnen keinen oder höchstens einen sehr geringen semantischen Eigenwert zu.

Helbig (2000: 13) führt diesen Gedanken mit Verweis auf Fourquet und Kaznelson noch weiter aus:

> [....] Fourquet (1970: 95ff.) hat dann von einer „relativen Inhaltslosigkeit der Kasus im modernen Deutsch" gesprochen – das gilt auch mit Blick auf solche Fälle wie *ich bitte dich – ich frage dich – ich befehle dir,* wo es sich offensichtlich um Rektion und nicht um solche Bedeutungsunterschiede handelt, wie sie oft zur Unterscheidung von Akk. und Dat. suggeriert werden (bei *befehlen* wird das Objekt „direkter" betroffen als bei *fragen* oder *bitten*, die geläufigen inhaltlichen Erklärungen sehen aber genau umgekehrt im Akk. das direkter und stärker betroffene Objekt. [....] Ganz dezidiert hat schließlich Kaznelson (1974: 53ff.) die Schlussfolgerung gezogen, dass die Suche nach einheitlichen, invarianten „Gesamtbedeutungen" gescheitert sei, dass vielmehr die einzelnen Varianten der Kasus funktionale und vom System her bedingte Einheiten für sich selbst seien, weil jeder Kasus in der Regel (semantisch) polyfunktional ist.

Es bleibt allerdings dann die Frage, was man sich denn unter syntaktischer im Unterschied zu semantischer Funktionalität vorzustellen habe. Dazu mehr im nächsten Abschnitt.

III.2 Niveau 3: Unterstützungsfunktion

Welke (190: 156) bzw. Jackendoff nach Welke versuchen mit dem Gedanken der Isomorphie von syntaktischer und semantischer Struktur in generischer, noch übereinzelsprachlicher Betrachtung einen Brückenschlag von Form und Ausdruck nahezulegen:

> Wenn sprachliche Äußerungen Verständigung ermöglichen, dann u.a. nur dadurch, daß sich syntaktische und semantische Struktur des Satzes in einem dem Ideal der Isomorphie sich nähernden Zuordnungsverhältnis befinden. Anders wäre schier unerklärlich, wie der Hörer den vom Sprecher intendierten Gedanken (Bewußtseinsinhalt oder wie immer man das nennen mag) nachvollziehen kann. [....] Analog argumentiert Jackendoff: Wenn Sprache dazu dient, Informationen zu übertragen, dann ist es völlig verkehrt, nicht von der Annahme auszugehen, daß Sprache ein relativ wirksames und genaues Mittel zur Kodierung der Information ist.

Zum einen, weil man das aus anderen dem deutschen Kulturkreis relativ nahestehenden Sprachen wie dem Französischen und Englischen gewissermaßen als eiserne Regel von der ersten Stunde an eingetrichtert bekommt, zum anderen weil grundlegende Kategorisierungen lexikosyntaktischer Art in diesen und anderen benachbarten Sprachen durchaus ähnlich erfolgen, liegt der Gedanke auf der Hand, Konfigurationalität als Grundschema der linearen Argumentdistribution anzunehmen, wie auch Wegener (1995: 140) in Bezug auf Fanselow annimmt:

> Wie auch Fanselow anerkennt, gibt es im Deutschen für die meisten Verben eine Normal-Konstituenten-Stellung, und für diese nimmt auch er im Sinne der Kategorialgrammatik an, daß „die Einträge der Argumentstruktur eines Verbs geordnet sind und die Argumentstellen des Verbs bei der Abarbeitung des Strukturbaums von unten nach oben sukzessive geschlossen werden" (1992b: 10). Demnach kann für den Spracherwerb angenommen werden, daß Deutsch konfigurational ist und feste syntaktische Abfolgeregeln kennt.

Sollte sich diese Auffassung nicht grundsätzlich erschüttern lassen, dann wäre, wenn auch womöglich mit idiomatisch unterschiedlichen Detailausprägungen, die lineare Argumentdistribution als primäres Markierungssystem sprachübergreifend anzunehmen und der morphematischen Kennzeichnung käme nur noch eine sekundäre, unterstützende Funktion zu, die dann allerdings von unsicherer ontologischer Persistenz ist, wie wir schon an anderer Stelle bezüglich der morphologischen Kasus zum Ausdruck gebracht haben. Rüdinger (2012b: 195f.):

> Die Frage nach dem Status morphologisch irgendwie kenntlich gemachter Kasus hängt letzten Endes davon ab, inwiefern ein Sprachsystem X zu einem bestimmten Zeitpunkt meint, ihrer redundanten Markierungsfunktion in einem bestimmten syntaktisch flektierten Sprachbau zu bedürfen oder auch nicht. Fällt die Entscheidung positiv aus, so repräsentieren sie natürlich die semantische und/oder syntaktische Funktion, der sie in diesem Rahmen unterstellt sind. Fällt sie negativ aus, so ist der Weg

vom „funktionslosen, formal-grammatischen Automatismus" zum Verschwinden oder Übergang in einfachere morphosyntaktische Zusammenhänge wohl vorgezeichnet.[1]

In ähnlicher Weise hat sich schon Finke (1977: 29) geäußert, allerdings für unseren Geschmack etwas zu entschieden von einem vermuteten Ursache-Wirkungszusammenhang geprägt:

> Wir bekommen diesen funktionalen Aspekt in den Blick, wenn wir kasusgrammatisch strukturierte Sprachsysteme daraufhin analysieren, zu welchen kommunikativen Zwecken die sprachlichen Handlungen taugen können, die wir mit der Strukturkomplexität dieser Systeme auszuführen in der Lage sind.
>
> Falls beispielsweise keine kommunikative Notwendigkeit besteht, über gewisse Gegenstände, Sachverhalte oder Ereignisse zu reden, sprachliche Handlungen eines gewissen Typs vollziehen zu können, entfällt damit auch die Notwendigkeit dafür, daß ein Sprachsystem die hierfür notwendigen Strukturen bereitstellt. Kurz gesagt: Wo ein Kommunikationsbedarf nicht besteht, muß er auch nicht gedeckt werden.

Abgesehen von der behaupteten Zwangsläufigkeit ist der unmittelbar praktische Ertrag dieser Sichtweise, dass sowohl diachronische Differenzen innerhalb einer Sprache (Stichwort: Kasusschwund bzw. –verlagerung) als auch Unterschiede von in morphematischer Hinsicht verschieden ausgebauten Sprachen unter ein und demselben Betrachtungsrahmen wahrgenommen und analysiert werden können.[2]

Der angedeutete Zwangszusammenhang von Morphologie und Kommunikationsnotwendigkeit oder –funktion legt allerdings die Vermutung nahe, dass eben doch eine essentielle Teil-für-das-Ganze-Funktion vorliegt. So wäre etwa Weisgerber (1982: 104) zu verstehen:

> Der Abbau des Formensystems im Englischen wie im Französischen hatte besonders weitreichende Konsequenzen im Bereich der Syntax: Weil die Casusmorpheme für die Kennzeichnung der syntaktischen Funktion der Substantive ausfielen, mußte diese durch die Wortstellung eindeutig festgelegt werden. So lernen Schüler jetzt im Englisch- und Französischunterricht die eiserne Regel der Wortstellung im Satz: Subjekt→Prädikat→Objekt. Auch hier ist gelegentlich eine naive Übertragung auf andere Sprachen festzustellen, etwa wenn Abweichungen von dieser Satzgliedfolge im Deutschen als „Inversion" bezeichnet werden, wo richtig gerade die „freie" oder besser „denkbedingte" Wortstellung im Deutschen mit ihren Vorteilen und Schwierigkeiten als ein unterscheidendes Merkmal zwischen diesen grammatischen Systemen zu konstatieren wäre.

Ob dieses Unterscheidungsmerkmal so wirklich in allen Aspekten festzustellen ist, wird im nächsten Abschnitt zu klären sein.

---

[1] Ein Beispiel jüngeren Datums in der deutschen Sprache wäre etwa der Übergang des Genitivkomplements *ein Glas kühlen Wassers* zu einer kongruierenden Apposition *ein Glas kühles Wasser*.
[2] Zur ausführlichen Analyse dieses Themas sei auf die entsprechenden Kapitel in Rüdinger (2012a) verwiesen!

III.3 Niveau 2: Notwendigkeit im Teil-Ganzes-Sinn

Dass, wo die Möglichkeit zugelassen ist, unterschiedlichen Komponentenabfolgen auch unterschiedliche textsemantische Absichten bzw. Interpretationen unterliegen, wollen wir ja gar nicht bestreiten. Wir sind uns indes relativ sicher, dass der solcherart implizierte „Denkprozess" als Ausgangspunkt einer angenommenen Normalstellung mehr denn einer Formbestimmung bedarf, worin sonst sollte denn stilistische Interpretation ihren zuverlässigen Bezugspunkt herhaben? Man beachte dazu Rüdinger (2012b: 193f.)

Satzbauveränderungen wie z.b. Objekttopikalisierung beziehen ihren stilistischen Wert u.a. daraus, dass das besagte Objekt eben nicht an seiner bescheidenen Normalposition steht: *Das **Auto** nimmt sie nicht einmal geschenkt*.[3] Stiftet in diesem Fall schon die Semantik der Komponenten hinreichend Klarheit über die Rollenverteilung, so ist der Fall bei *Das Kind liebt die Mutter* a priori nicht so eindeutig, wüsste man nicht, dass der Satz mit *....mehr als ihren Ehepartner* weitergeht. Hier ist es also der Kontext, der die Rollenverteilung expliziert, was natürlich bei *Das Kind liebt **der** Vater* bereits morphologisch festgelegt wäre. Allerdings bleibt einzuwenden, dass dergleichen Inversionen niemals grundlos geschehen, weswegen das Nominativmorphem im benannten Beispiel u.E. als ein Fall „vorauseilender" Redundanz zu werten wäre.

Auch in den hier angeführten Beispielen bleiben also morphologische Markierungen den Beweis ihrer unbedingten Notwendigkeit noch schuldig und schon gleich kann auf Grund synkretistisch-isomorpher Formen nicht darauf geschlossen werden, dass syntaktische Charkteristika und „Formenreichtum" in einem unmittelbaren Wirkungszusammenhang stünden.
Auf der weiteren Suche nach Belegen für Sine-qua-non-Funktionen morphologischer Details sind wir letztlich auf zwei diskussionswürdige Beispiele aus dem umfangreichen Kanon humoristischer Wortwitzproduktion gestossen, mithin also aus etwas dem Alltagssprachlichen enthobenen Registern. Da wäre einmal folgende, schon Legende gewordene Karikatur des 2005 verstorbenen früheren Titanicmitarbeiters Friedrich Karl Waechter mit der Bilduntertitelung:

Adele zeigte ihren Brüsten die Männer

Auf den ersten Blick ein eindeutiger Fall. Im üblichen Sprachgebrauch ist die Rolle des Patiens/Indirekten Objekts je nach Betrachtungsweise für die belebten Aktanten - in dem Fall *die Männer* – reserviert und dementsprechend müssten sie den Dativ und Adeles sekundäre Geschlechtsmerkmale den Akkusativ erhalten.[4] Verdankt sich der Witz also ausschließlich einer zwar auf den Kopf gestellten aber gleichwohl expliziten Kasusmarkierung? Scheinbar schon. Wir erlauben uns allerdings folgenden Einwand: Ganz so frei, wie manche suggerieren ist die Aktantenabfolge im Mittelfeld auch wieder nicht, das heißt im Normalfall steht bei zwei nominalen Objekten das indirekte vor dem direkten Objekt. Nun gibt es Dialekte im Deutschen, die beim Plural der Substantive

---

[3] Wir haben absichtsvoll ein Beispiel gewählt, bei dem Subjekt und Objekt nicht kasusexplizit markiert sind, um klar zu machen, dass selbst die stilistische Dekodifizierung keine Frucht der Morphologie sein muss, wie die Beispiele: ***Den** Wagen nimmt sie nicht einmal geschenkt* oder noch deutlicher ***Den** Wagen nimmt **er** nicht einmal geschenkt* vielleicht noch suggeriert hätten!
[4] Wir wollen der weiblichen Brust ja weder Lebendigkeit noch Sensibilität absprechen, doch erstreckt sich Letztere nach unserer Einschätzung nicht auf die Empfänglichkeit für optische Reize.

keine Dativ-Akkusativunterscheidung vornehmen (etwa das Fränkische), gleichwohl würde der Witz auch ohne morphologische Distinktion allein über die Komponentenabfolge funktionieren:

Adele zeicht ihre Brist' di Männer

Wir nehmen das als Beleg dafür, dass auch in diesem Fall das Flexiv nur als sekundäres, unterstützendes Zeichen fungiert.

Bei unserem zweiten Beispiel handelt es sich um einen ebenfalls zur Legende gewordenen Sketch der beiden Schauspieler Iris Berben und Dieter Krebs aus den 1980er Jahren. Hier das Skript des Minidialogs:

> **Sie: Als ich aus dem Fenster sah, graute der Morgen!**
> **Er: Dem Morgen!**

Auch hier *prima facie* ein eindeutiger Fall, die witzige Sinnveränderung des Ausgangssatzes erfolgt offensichtlich ausschließlich vermittels der Ersetzung des Nominativflevis *der* durch das Dativflexiv *dem* und dem damit einhergehenden Wechsel der syntaktischen Rolle. Wirklich ausschließlich? Der angedeutete Rollentausch funktioniert ja nur deshalb in der zwerchfellerschütternden Weise, weil das Bezugsverb *grauen* polysem ist und mit der Kasusänderung die zweite, völlig andere Bedeutung desselben zweckdienlich aktiviert wird. Dass der Lacherfolg auf der Variation eines einzigen Phonems/Morphems beruht, ist zwar dennoch unbestreitbar, allerdings wäre es wohl auch vermessen anzunehmen, dass geschätzte 500 Jahre neuhochdeutscher Sprachentwicklung nur auf diesen einen Moment hingearbeitet hätten. Wir halten deshalb auch weiterhin die Hypothese aufrecht, dass ein Großteil morphologischer Markierungen in uns naheliegenden Sprachen im Gegensatz zu vielen Lehrmeinungen allenfalls eine unterstützende, kaum aber sinnstiftende Funktion zukommt.

III.4 Polyfunktionalität

Dass es in Sprachen immer wieder zu polyfunktionalen Morphemen kommt, hat seinen Grund wohl ausschließlich in der numerischen Beschränktheit lautlicher bzw. graphischer Zeichen. Dem Umstand, dass etwa im Englischen „*-s*" sowohl als Numerus- und Kasusmarker beim Substantiv und als Personenmarker beim Verb fungiert, können wir jedenfalls keine weitere Transzendenz ablauschen.

IV. Fazit

Nach Einschätzung der zugegebenermaßen knapp gehaltenen Faktenanalyse ergibt sich für uns vorbehaltlich folgendes Bild der Funktionalität morphologischer Markierungen in Bezug auf außersprachliche Funktionalitätsniveaus:

Funktionalitätstypen	Dingliche Welt	Sprache
Polyfunktionalität	Schweizer Messer	Für morphologische Kasusmarkierungen nicht belegbar
Sine-qua-non-Teilfunktion eines komplexen Systems	Zündkerze – Motor	
Unterstützungsfunktion eines ohnehin funktionierenden Systems	Spoiler – Traktion	Für morphologische Kasusmarkierungen belegbar
Identifikationsfunktion	Mercedesstern	

Frech dahin gesagt, doch welche Folgerungen lassen sich daraus ziehen? - Je nach Blickwinkel verschiedene, hier eine kleine Auswahl:

- In sprachtheoretischer Hinsicht lässt sich erkennen, dass Sprachbau grundsätzlich in Top-down-Richtung, d.h. vom Sinnganzen zu seiner detaillierten Ausführung erfolgt. Anders ausgedrückt, von der komplexen Aussageabsicht über die lexiko-semantische, die syntaktisch-konfigurationelle zur morphologisch-detaillierten Feinstruktur. Dies entspräche in etwa dem in der Einleitung angedeuteten Primat der Nomosyntax, so wie wir den Begriff interpretieren wollen. („Der Wille sucht sich seine Mittel und nicht die Mittel bestimmen den Willen"). Nur so ist u.E. auch die Dynamik von Sprachentwicklung bzw. –veränderung erklärbar.

- In typologischer Hinsicht rücken zumindest manche Sprachen wieder unter einen gemeinsamen Beschreibungsrahmen zusammen, da sie sich letztlich nur noch auf der letzten performativen Perfektionsstufe wirklich unterscheiden.

- Daraus folgt in kontrastiv-kommunikationstheoretischer Perspektive die Erklärungsmöglichkeit, warum zumindest kulturnahe, aber an der Oberflächenstruktur scheinbar so unterschiedliche Sprachen offenbar gleiche Kommunikationsinhalte befördern können. Ein Unterpunkt wäre, dass Interimssprachen, deren „Defizite" meist auf der Ebene morphostruktureller

9

Performanz erkennbar sind, von so erstaunlicher Langlebigkeit sind. Auf pragmatischer Ebene scheinen sie wohl gar nicht so kommunikationsuntauglich zu sein.

- Für die Sprachdidaktik folgt u.a., dass die allzulange „Entkoffeinierung" der induzierten Kommunikationsinhalte und damit einhergehende Form-vor-Inhaltfokussierung eher Hemmnis als Hilfe ist, da gewissermaßen systematisch apriorisches Weltwissen der Lerner auf dem Abstellgleis geparkt wird. Das muss wenigstens für erwachsene Studierende demotivierend wirken. Auch Sprachaufmerksamkeit verläuft nach unserer Anschauung „top-down".

Zu den angesprochenen und weiteren Fragen ließe sich noch viel sagen und allerhand diskutieren. Für den Moment wollen wir es jedoch mit einem Ratschlag des weisen Aristoteles bewenden lassen:

„Der Kluge treibt die Genauigkeit nicht weiter als es der Natur der Sache entspricht!"

V.   Bibliographie

BALZER, B.: *Gramática funcional del alemán*, Madrid: Ediciones De La Torre (1999).

DIEHL, E./PISTORIUS, H., «Grammatikunterricht am Wendepunkt. Überlegungen zu einer Neubestimmung des Unterrichtsgegenstandes ‚Grammatik'». *DaF* 39 (2002), 226-237.

FILLMORE, CH.J., «The case for case reopened», in: HEGER, K./PETÖFI,J.S. (Hg.): *Kasustheorie, Klassifikation, semantische Interpretation*. Hamburg: Buske 1977, 3-26.

FINKE, P., «Aristoteles, Kant, Fillmore – Ein Diskussionsbeitrag zur Metaphysik der Kasusgrammatik», in: HEGER, K./PETÖFI,J.S. (Hg.): *Kasustheorie, Klassifikation, semantische Interpretation*. Hamburg: Buske 1977, 27-42.

FLÄMIG, W., *Grammatik des Deutschen: Einführung in Struktur und Wirkungszusammenhänge; erarbeitet auf der theoretischen Grundlage der „Grundzüge einer deutschen Grammatik"*, Berlin: Akademie Verlag 1991.

GALLMANN, P., *Kategoriell komplexe Satzformen. Das Zusammenwirken von Morphologie und Syntax bei der Flexion von Nomen und Adjektiven*. Tübingen: Niemeyer 1990.

HELBIG, G., «Die Kasus – gestern und heute», *DaF* 37/1 (2000), 10-21.

MARTÍNEZ AMADOR, E. M., *Mega Gramatical y dudas del idioma*. Barcelona: Ramón Sopena 1995.

ROHDENBURG, G., «Weitere Aspekte einer vergleichenden Typologie des Englischen und Deutschen», in: FELDBUSCH, E. et al. (Hg..): *Neue Fragen der Linguistik*, Bd.1. Tübingen: Niemeyer 1991, 459-464.

RÜDINGER, K., *Kasusflexion und Syntax. Grundriss einer neuen Flexionstheorie*. Saarbrücken: SVH 2012.

RÜDINGER, K., «Konfigurationalität, morphologische, syntaktische und syntagmatische Deklination: Vorschläge zu einer neuen Begriffsbestimmung», *RdFA 20* (2012), 181-198.

SECO, M., *Gramática esencial del español*. Madrid: Espasa 4-1994.

WEGENER, H., *Die Nominalflexion des Deutschen - verstanden als Lerngegenstand*. Tübingen: Niemeyer 1995.

WEISGERBER, B., «Über die Rolle der Grammatik beim Erwerb von Muttersprache und Fremdsprache», in: GNUTZMANN, C./STARK, D. (Hg.): *Grammatikunterricht: Beiträge zur Linguistik und Didaktik des Fremdsprachenunterrichts* Tübingen: Narr 1982, 101-126.

WELKE, K.M., «Kontroverses in der Valenztheorie. Eine Erwiderung auf Gerhard Helbig», *DaF 27/3* (1990), 153-166.